JN410928

세마포를 예비하다

박정옥 시집

인지
생략

들꽃시선 149
세마포를 예비하다

지은이/박정옥
펴낸이/문창길
초판인쇄/2023년 02월 25일
초판펴냄/2023년 02월 30일
펴낸곳/도서출판 들꽃
주 소/100-273 서울 중구 서애로 27(필동3가) 서울캐피탈빌딩 B202호
전 화/02)2267-6833, 2273-1506
팩 스/02)2268-7067
출판등록/제2-0313호
E-mail:dlkot108@hanmail.net

값 10,000원
* 파본된 책은 바꾸어 드립니다.

ISBN 978-89-6143-225-2 03810

박정옥Ⓒ2023

들꽃시선 149

세마포를 예비하다

박정옥 시집

| 자서 |

마음에 글이 고이면 샘물을 길어 올리듯 퍼올려 노트에 적는다. 이 글들을 씻고 닦고 어루만지고 양지바른 곳에 앉혀 햇살을 입힌다.

햇살무지개 색동옷 같은 글들이 재잘대며 친구들과 이야기들을 나누는 것에 눈을 감고 귀를 기울인다. 그들의 이야기를 듣고 있으면 먼 세상 풍경을 꿈꾸며 사모하게 하니 그 속으로 들어가 먼 훗날 참된 세상을 엿보고 한껏 새롭고 영화로운 세상에 대한 기대감을 품는다. 그 기대감을 품고 그 곳으로 향해 날아갈 날을 손꼽아 기다리리라.

"또 한번의 책을 내며 영생의 소망을 주신 하나님에게 감사드리나이다~!!!"

2023년 1월에 박정옥

차례

제2부 빛으로 오신이여

제3부 구원의 기쁨

제4부 내 입술의 열매

제1부
진리는 빛이라

마음을 여는 이유

마음은 세상 모든 사람들에게
공평하게 몸과 함께 주신
하나님의 선물이라

그것을 주신 이유는
오직 감사하며 사랑하며
영이신 하나님과 만나는 자리이고
사람이 진심으로 사랑하며 살게 하시어
가장 아름다운 삶을 축복 하신 것이라

사람은
하나님의 형상대로 지음을 받았고
그의 영으로 생명을 얻어서
존귀한 자로 하나님과 동행하며
만물을 다스리고 이끌어갈 자였는데
미혹에 이끌리어
하나님의 뜻을 거스르고 벗어나서
마음을 닫고 믿음을 멀리하니

하나님과 화목한 삶을 살수 없었네

인간을 지으시고 축복하신 하나님은
인간의 마음이 겸손하고 정직하여
겸손과 진심으로 하나님에게 순종하고
이웃과는 존중하며 행복하고 즐거이
함께 어울려 서로 진심으로 소통하고
힘이 되라고 이웃을 주신 것이리라

마음을 열면
하나님이 계심을 깨닫게 하시고
하나님은 아름답고 충만한 축복을
마음에 가득 가득 채워주시고

하나님께서는 마음을 여는 자에게
세상 모든 사람을 얼마나 사랑하며
귀하게 여기시며 영원한 삶을 살게
하시려고 무엇과도 비교할 수 없는
사랑을 주셨는지 깨닫게 되고
그리고 주위에 있는 모든 이들을
사랑할 이유를 찾게 되리

마음은 눈에 보이는 것이 아니요

손으로 만져지는 것도 아닌 것이라
그러나 마음의 문을 열 수 있는 것은
예수님의 사랑으로 지혜와 지각을 새기고
하나님이 인도하시는 말씀과 질서를 따르면
확실한 약속으로 믿음이 굳건하게 되고
더욱이 영화로운 곳에서 영생의 약속을
믿음으로 갖게 되고 마음이 활짝 열리게 된다네

놀라운 이름 예수

아름다운 이름 그이름 예수
세상 모든 백성을 위해
생명을 내어주신 예수
십자가의 참혹한
고통과 수모를 다 감당하셨고
하나님의 뜻을 이루어 내신
승리하신 주 예수 그리스도

야유와 비웃음과 비난과
채찍질과 십자가에서 형벌까지도
감당하여 모두 견디고 이겨 내야하는
하나님 아버지께서 계획하신 일
수많은 생명들을 사망에서 구원하는
그일이 얼마나 소중하고 존귀한 것인지
아주 오래도록 준비하신 일이 였네

그 끔찍하고 혹독한 고통을 통해
맡기신 백성들을 영광으로 이끄는

그일을 위해 세우시려고
하나님께서 지어주신 이름
만세에 이르도록
빛날 권능의 이름
오직 예수 예수 예수

영원한 사랑을 바라며

사랑은 마음으로 마음에 새기고 품는 것
마음은 울타리도 없고 문도 없기에
사랑은 공간에 갇혀 있는 것이 아니라
사랑은 자석 같아서 사랑하는 사람간에
마음과 마음이 만나서 하나가 되고
함께 있기를 좋아하며
사랑은 사랑을 먹어야 아름다운 꽃을 피우고
정성과 진심의 옷을 입으면 활짝 핀 꽃이 되고
순한 어린 양같은 모습으로 표정이 아름답고
기뻐하는 모습을 보려고 무엇을 좋아 하는지
눈여겨 보며 기웃거리며 살피기도 한다네

사랑의 표현은 행동으로 나타내려는
노력과 수고를 해야만 하고
사랑은 형체가 없는 존재라서
변함없이 만족함을 갖기가 힘들고
함께 있어도 아쉬움이 들고
쉽사리 흔들리기도 하고 냉가슴을 앓기도~

그러므로 항상 표현해주기를 바라고 확인하며
행동으로써 사랑을 표현하지 않으면
사랑은 시들어 가고 멀어져 가리라
진실한 사랑을 하게 되면
온 몸에 사랑의 신경이 살아나서
표정과 언어에 사랑이 담겨있고
행동에 사랑이 넘쳐나게 되니
오랜 세월 다독이며 유지하고
세월의 겹이 쌓이고 두터운 정으로
견고한 신뢰와 믿음의 터 위에 자릴 잡고
황혼까지 손잡고 노래 부르며 걸어 가게 되리

영원한 사랑을 바라며
귀를 기울일 것은
진실하고 고귀한 사랑은
사랑의 본성이신 하나님을 닮아서
우주 만큼 마음을 넓혀야 하고
깊고 진실하고 변함이 없어야 하고
사랑은 쉼 없이 사랑의 양식을 보충해야 하고
주기를 좋아하고 함께 있기를 좋아 하여
사랑으로 사랑을 낳고 또 낳으며
아낌없이 주는 사랑을 해야하리라

목숨까지 주신 십자가의 사랑은
증명되고 확인되고 완성된 사랑이고
그무엇과도 비교할 수 없고 대신할 수 없는
그분의 희생의 사랑은 영원히 부요한 사랑이라
그사랑을 배우고 닮아 인격적으로 존중하여
후회가 없고 아쉬움이 없는 사랑을 이루기를

영원한 사랑은 영원한 곳에서 완성되리 ~ !!!

사망을 이긴 자가 되기를

누구나 하나님을 경외하며
두려워할 줄을 알아야 하나
하나님을 부인하고 외면하며
망령되게 말하는 자는 더욱이
두려워하는 마음을 가질자라

하나님은 전능하신이요
천지를 창조 하셨고 생명을 낳으신이요
그러므로 하나님 안에 거할 때라야
가장 안정되고 평안하며 기쁨과 소망이 있고
영생의 나라요
영화로운 곳의 주인 되시고
그의 아들 예수님으로 세상 마지막 날
심판의 날에 심판하실 주로 삼으신이라

죄가 없는 자는 세상에 없으나
하나님을 알지 못함이 가장 큰 불행이니
주님 앞으로 나아가 소중한 자신을 바로 알고

마음을 열고 왜 믿어야하는지 깨달아야 하네

예수님은
하나님을 떠나 죄인으로 살아가는
불쌍한 영혼들을 구하시려고
직접 육체의 몸을 입고 이땅에 오셨으니
감사하는 마음으로 권능의 하나님이
사망을 물리치고 살리셨다는 것을
믿음으로 고백하게 되어야하리

이 놀라운 일은 나와 세상 모든 이들을 위해
이루어졌음을 깨닫고 믿음으로 고백하며
오래도록 노력하여 성숙한 믿음에 이르고
영생의 자리로 기쁘게 나아갈 수
있기까지 이어지도록
자신이 얼마나 존귀하고 소중한
존재인지를 깨우쳐 알기를 위해
나와서 말씀을 들어보라

하나님을 믿지 않는 자는
자신을 학대하는 자요
자신의 길에 올무를 놓는 자며
제발에 착고를 채우는 행위요

하나님이 주신 축복의 길을 저주의 길로
찬양을 탄식과 비명으로 바꾸는 안타까운 일이고
영원히 비참하고 끔찍한 유황불 속으로 던져지고
영원한 고통 가운데 빠질 불행할 자라

사망은 육체를 벗은 영들 가운데서
구원의 표가 없는 자를 유황불 속에 빠트려
영원히 괴롭게 하는 권세를 맡은 존재이니
그곳에서 끝이 없는 영의 고통은
곧 육체를 벗은 영의 죽음이라
얼마나 두렵고 무서울지 짐작도 어려운 곳이라
십자가로 구원의 표를 받은자에게는
절대로 사망이 접근하지 못한다네

그리고 마지막 심판 때에는
생명책에 기록되지 못한 자들과 함께
사망과 음부도 둘째 사망인 불못에 던져지리라
영원히 영원히 ~ ~ ~

(요한계시록 20장 14~15절)

그날을 기다림으로

아주 오랜 세월 변함없이
약속으로 이어져와 품게 된 소망은

영원한 생명 주실 것을 고대하며
믿음으로 승리한 이들이 영원히 살아갈 그곳
그곳은 시간의 개념이 다른 영화로운 곳
그곳에서 그곳에 이른 이들과 함께 영생하리

하나님께서 지으신 그곳
하나님의 아들인 예수님이
세상 모든 사람들의 죄를 대신 갚으려고
십자가를 지신 이유를 깨닫고 믿은 자들이
오직 믿음 하나로 영생을 얻을 기쁨에
고달픈 인생살이 가운데에서도 감사하며
믿음으로 그 삶을 다한 후에

하나님이 부르시면
주님이 반겨주실 그곳에 들어가리

일생동안 만나 보고 싶었던
하나님 아버지와 예수님과 성령님과
노아 아브라함 모세 야곱 사울 다윗왕 솔로몬왕과
다니엘 에스더 베드로 사도바울 등
성경속에 기록된 능력의 왕들과 지도자들과
예언자들과 제사장들과 예수님의 제자들
앞서간 믿음의 위인들과 조상들을
그리고 복음을 전하다 순교한 수많은 이들
그 모두를 보게 되겠네

순종함으로 맡은 일에 믿음으로 최선을 다한 자들과
목숨을 걸고 많은 영혼들을 구한 이들에게
열고을 다스릴 권세와 영화로운 면류관을
주시는 것도 보게 되리라

주님의 약속을 굳게 믿고 기쁜 마음으로
사모하며 간절하게 기다려온
믿음으로 승리한 정결한 영혼들을
영화로운 그곳에서 반가이 맞이해주시리

세상에서 육신으로 힘겨운 인생을 살아내느라
수고와 염려를 눈물로 씻어내며
끌리는 발걸음을 잡아 당기며 겨우 온 길이지만

십자가의 증거와 약속을 믿음으로 붙잡고
헤아릴 길 없는 구원의 길에서 끝까지 이르도록
믿음으로 간절히 기도하며 달려온 그곳

그곳에서 세상에서 볼 수 없는
찬란한 영광 가운데에 나도 서며
주님과 모든 천사들이 맞이해줄 그곳에서
보고 싶었던 모든 이들과 함께 찬송하며
승리의 기쁨을 영원 영원히 누리리라

승리의 선포

전능하신 분의 섭리는 놀라워라

그분은 세상의 만물들을 지으셨고
사람도 지으신 권능의 창조주 하나님
죄를 지으면 죽음이라는
엄중한 언약을 세우시고
낙원의 영화롭고 축복된 삶을 허락 하셨네

사람이 언약을 거역하고 불순종함으로 인해
그들과 함께 살아갈 수가 없게 되었으니
불쌍한 그들로 인하여 심히 슬퍼 하셨고
생명이 하나뿐인 고로 죄를 지었으니
죽어야 한다면 세상에 존재할 자가 없으리니
짐승을 잡아 피를 흘려 죽음을 대신하게 하는
속죄제를 통해 살 길을 내시니라

이미 하나님은 불순종의 결과를 알려주셨지만
인생들은 그끝이 어떤 곳인지 깨닫지 못하고

분별력도 두려움도 없이 멸망의 길을 달려가니
엄중한 언약을 어긴자들을 불쌍하게 여기시어
구원 받을 영원한 영생의 길로 인도하시려
뜻을 세우시고 오랜 세월 때를 기다리셨도다

때가 되니
하나님은 하나님의 완전한 사랑과 뜻을
이루어내시고 영생을 얻도록 하기위해
사랑하는 외아들을 가난하고 낮은자의
삶 속으로 보내시어
희망 없이 고달픈 삶에 빠져있는 자들에게
위로와 소망과 확신의 새힘을 주셨고
생활속에서 이적과 치유로 함께 하시며
하나님의 나라를 나타내셨으니

유대의 모든 지도자들이 듣고 보기에
자신들이 보여줄 수 없는 놀라운 일들이 일어나고
어느 곳에서나 수많은 이들이 따르고 있으니
백성들로부터 받던 영광을 빼앗길 까봐
교만하고 악하여 시기와 멸시를 품은 마음으로
거짓 증인들을 세워서 판결을 내리고
무지한 백성들을 앞세워 능욕과 야유를 행하게 하고
사납고 잔인한 로마 군인들은 수모의 형을 행하여

굵은 가시로 엮은 가시관이 박힌 머리와
채찍에 맞은 곳마다 피가 흘러 내리며
찢겨진 옷사이로 벌어진 상처가 드러나고
십자가 위에서 커다란 못이 손과 발에 박히니
살을 뚫고 핏줄이 끊어지며 뼈가 으스러지며
사람이 견디기 어려운 극심한 고통을 당하셨고
옆구리를 창으로 찔러 죽음을 확인하니
남은 모든 피와 물이 쏟아지고
처절하게 패배한 자의 모습을
보여주신 예수님

전능하신 하나님의 아들인 예수님은
십자가를 거부하고 하늘의 군대를 불러
그 모든 이들을 물리칠 권능이 있음에도
지극히 사랑하는 모든 인생들을 구하시려는
하나님 아버지의 뜻을 이루어 드리기 위해

그는 묵묵히 순종하심으로
영화롭고 영원한 생명 얻을 길을 완성시키려
참혹한 속죄의 제물인 어린양이 되어
모든 멸시와 조롱과 수치와 끔찍한 고통을
다 받으셨고 구원의 상징인 십자가 위에서

순종으로 하나님의 뜻을 다 이루어 낸 후
드디어 마지막 말씀으로

"다 이루었다" 고
승리의 선포를 하시었도다

성숙한 믿음을 위해

세상 모든 사람들은 살아오는 동안
반복되는 학습과 경험을 통해서
많은 지식과 정보들이 있을 것이나

하나님을 믿지 않으니 그의 말씀도 뜻도
또한 자신의 속사람인 영혼도 전혀 알지 못해
정욕에 치우쳐 선과 악에 대한 분별력과
믿음으로 살아가려는 의지가 없으니

눈은 떴으나 어두워 지고
귀는 말씀을 분별하기 어려워져서
마음은 하나님에 대한 정함이 약해지고
허탄한 것들에게 미혹 되기도 하여
감사와 찬송이 입에서는 멀어지고
대신에 원망과 허망한 말을 하게 되리

그러므로 믿는 자는
믿음의 사람답게 말과 행함으로

믿음을 나타내어 예수님을 증거하고
하나님의 거룩함과 영광을 나타내는
진실함이 있는 증인 다운 삶을
살아야 하고

하나님의 말씀을 깊이 묵상하며
진리의 말씀을 거울삼아
자신을 돌아보고 살펴 보고
무엇을 어떻게 해야하는지
예수님이 인도해 주시기를
간곡하게 기도로 구하고 힘쓰면
연약한 믿음이 성숙해지도록
도우시고 인도하셨으니

주님은
반드시 기쁘게 기다려 주신다네

그에게 감사하라

시와 찬송으로 여호와를 찬양하라
천상의 노래로 여호와를 찬양하라
기쁨을 담아 노래하며 그를 높이라
항상 하나님 아버지에게 감사하라
할렐루야

정결한 마음으로 주님을 경외하며
두렵고 떨림으로 구원을 받으라
하나님이 주신 모든 이름 위에 높여
영화롭고 아름다운 이름 예수 예수
할렐루야

그에게는 거룩한 지혜와 지식과
귀한 모든 보화가 감추어져 있도다
그에겐 영광의 모든 비밀이 숨겨 있고
복음의 능력과 구원의 소망도 있네
할렐루야

입을 열어 그의 비밀을 선포하라
뜨거운 심장으로 복음을 외치라
복음은 세상에서 미련한 것 같으나
구원을 이루시는 하나님의 능력이라
할렐루야

평안의 줄로 메어 요동하지 말고
주와 동행하여 풍성한 사랑을 나누며
은혜와 긍휼로 얻은 구원의 소망을
소리 높여 감사하며 기쁨으로 노래하라
할렐루야

은혜가 크시도다

하나님의 은혜는 깊은 샘물처럼
나누고 베풀수록 풍부해지고
풍요로운 열매들을 맺으며
은혜 가운데 거하는 자에게는
소망과 위로가 있음으로
평안하며 기쁨이 가득 가득하고
감사의 고백이 끊임이 없고

그 은혜의 맛을 본자는
은혜를 잃어버리지 않으려고
생수를 길어 올리듯 늘 구하고
충만하기를 언제나 사모하나이다

주님의 은혜와 비교할 만한 것은
이세상에서 찾을 수 없나이다
값을 따질 수 없는 보배롭고 귀중한
그 은혜를 값없이 주셨고
넘치도록 주셨나이다

하나님을 경외하며
간절함으로 말씀을 사모하는
세상 모든 믿음의 자녀들에게
값을 수 없는 귀하고 귀한 선물을
오직 믿음 하나로 얻을 수 있게 하셨으니
억지로나 변함이나 거짓이 없는
진실함과 온전하고 겸손함으로
하나님 앞에 나아와 구하는 자들이
온마음 다해 감사로 드리는 찬양을
기쁘게 받으실 하나님

하나님 아버지께서는
온 세상 곳곳에 사는
한 생명 한 생명 모든 이들을
사랑하시며 존귀하게 여기시고
오래 참으시며 기다려주실 것을
소망을 품은 마음으로 굳게 믿나이다
그곳에 이르러 감사드리며
승리의 찬송을 부를 그 순간까지

진리는 빛이라

그 빛은 권능의 빛이요
그 빛은 역사하는 빛이요
그 빛은 어둠을 분리하셨고
그 빛은 창조를 이루셨고
그 빛은 태초로부터
영원까지 이를 빛이라

그 빛은 온 세상 모든 곳에 충만하고
모든 것을 통과하는 빛이요
모든 죄악들을 밝히 드러내는 빛이라

빛이 있으라 하심에 빛이 있었고
이어져 오늘에 이르렀고
그 빛은
마지막 날에 진리를 드러낼 빛이요
하나님의 선하시고 영원한 나라인
영화로운 천국을 나타낼 빛이라

가로등의 눈물

긴 골목길을 홀로 지키고 서있는 동안
밤이 세도록 눈을 부릅뜨고 지켜보느라
피곤한 눈에 핏발은 선명하게 드러나고
햇볕이 교대해 주는 동안에는
그 두 눈을 꼭 감고 깊은 잠을 잔다

태생이적이긴 하지만
오래도록 쌓인 피로와 스트레스에
목은 디스크 중증이 된지 오래 전이고
밝은 낮에는 멍멍이들의 마킹으로
밤에는 취객들의 오물들로
또 어떤 이의 쓰레기 투척에
코는 축농증 중증이 된지 오래라

간혹 어떤 이는 화풀이를 해대느라
뺨을 후려치듯 가방으로 후려치거나
발로 걷어차기도 하다보니
몸통이 결리고 담이들기도 한다

나한테 왜 그러는데 ~~~
제 손과 발이 아플테지만

외로움과 누적된 피로와
오랫동안 참아온 고통들로
고개는 들을 수가 없이 무겁고
때로는 서럽기도 하다
얼마나 언제까지 참아야 하는지
가슴 가득하게 숨긴 눈물들은
굵은 비 오는 날 빗줄기에
모두 흘려보내고
그리고 천둥소리 날 때에는
힘껏 아픔의 소릴 내지르련다

빗물에 오물들이 떠내려가고
냄새도 사라지겠지
모든이들이여
내 곁을 지날 때
따스한 눈길로 바라봐 주고
부드러운 미소를 보내주오
다시 올 밤을 위해 힘을 내어 보답하리

내가 깨달은 것들은

창조주 그분은 인간의 본질을 아시는지라
허물과 죄악과 불안과 질고를 알아
해결할 길과 기회를 주시고
그무엇도 그분 앞에 숨길 수도 없고
숨을 수도 없는 인생으로 지으셨기에
그분 없이는 참된 평안도 소망도 없음을
깨달았네

주님 안에 거하며 소중한 것이 무엇인지
깨달아 알아가게 되고
하나님 아버지의 그 크신 사랑은
인자하심으로 불쌍하게 여기시는
긍휼과 은혜를 베푸심이며
내자신도 대속의 댓가로 구원 받은 소중한 존재임을
깨달았네

부족한 자신을 돌아보고 마음을 다해
겸손함으로 하나님 앞에 엎드리며

영원한 생명 주셨음을 잊지않으려 하여
진실함으로 변함없이 따르기를 구하다보니
그은혜가 얼마나 귀하고 보배로운지도
깨달았네

이제까지 얼마나 무지하고 게으르고
온전하지 못하며 어리석게 살았는지
알아야 할 것과 행해야 할 것들을 모른 체
겸손하지도 못하고 정직하지도 못했음을
깨달았네

하나님은 영이시라
온세상에 충만하게 임하여 계심에도
믿음이 없이는 영적으로 깨어나지 못해
전능하신 하나님에 대한 믿음이 없었으며
느끼지도 못하여 두려워 하지 않았음도
깨달았네

앞으로 깨달아야 할 것들이 얼마나 더 많을 것인지
하나님의 뜻을 더욱 깨달아가도록 도와 주소서

아침을 기다림보다

- 시편 130 장

여호와여 내가 깊은 곳에서
주께 부르짖었나이다
주여 내 소리를 들으시며
나의 부르짖는 소리에 귀를 기울이소서

여호와여 주께서 죄악을 지켜보실진데
누가 주님 앞에서 정결타 하리요

그러나 사유하심이 주께 있음은
주를 경외하게 하심이니이다

나 곧 내영혼은 간절하게
나의 하나님 여호와를 기다리며
말씀 듣기를 고대 하나이다

파수꾼이 아침을 기다림보다
내영혼이 주를 더 기다리오니
참으로 파수꾼이 아침을

기다림보다 더하도다

곤고한 자여 여호와를 바랄지어다
여호와께서는 인자하심과
풍성한 속량이 있음이라
그가 그의 모든 백성들을
그들의 모든 죄악에서
속량하시리로다

주님을 높이리라

주님은 사랑으로 나의 영혼을 바로 세우시고
주님은 긍휼로 내영혼의 눈물을 씻어 주시고
주님은 자비로 내영혼이 소망을 품게 하셨으니
주님의 은혜로 내영혼도 영광을 보게 하시리라

마음 깊은 곳에서 솟아나는 기쁨으로 인해
입을 열어 큰소리로 나의 주님을 찬양하리
내영혼은 하늘 나라를 믿음으로 더욱 사모하니
마음 깊은 곳에서 용솟음치는 감사를 외치리

죄값을 대신 지고 용서하고 구원하신 주님을
나의 영혼이 천상으로 날아올라 송축드리리
사망을 이긴 주님에게 감사로 찬양드리리
하나님의 뜻을 다 이루신 주님에게 영광드리리라

제2부
빛으로 오신이여

고난이 유익인 까닭은

환난은 하나님께서 걷어버릴 수 있으나
자신은 고난의 이유를 모르기에
고통스러워하며 겪을 수밖에 없었고
긴 시간이 지난 후 에야 돌아볼 생각이 들었네

고난을 겪으며 깨닫게 된 것은
먼저 자신을 살펴보게 되고
어려움을 겪게 된 이유와 과정들도
더듬어 보니 생각과 노력이 부족했고
자신의 그릇된 생각과 약함을 알게 되었네

환란중에 단련되어 강하고 담대해지고
기도드릴 수록 용기도 지혜도 얻게 되고
인내심도 믿음도 더욱 굳건해지고
바른길이 어디이며 왜 그길을 가야하는지
두려워 해야할 자가 누구인지
무엇을 먼저 해야하는지 질서를 깨달으며
영원까지 이어질 소망을 주시니

고난이 유익인 까닭이 있었네

의지도 의욕도 없이
헛되이 보내며 살았던 날들을 후회하며
자신의 생각을 내려놓고 하나님의 말씀들을
읽으며 지혜와 지식과 분별력을 얻으며
담대함과 의지를 굳게 하며 주님만을 향하고
붙잡고 인도해 주시기를 구하여
힘을 얻고 믿음이 성장하게 되니

무엇보다도 자신을 돌아보게 된 것과
하나님의 말씀이 생각의 기준이 되는 이유와
주님안에서 소망이 있어 기쁨과 새힘과
삶의 목적과 방법과 원동력도 얻었네

눈에 보이지 않는 하나님을
향해 구하고 구하던 어느날
멀고 먼곳에 계신 것이 아닌
내안에 임재하여 계시는 하나님께서
나의 생각과 마음을 모두 헤아리시고
무엇을 원하고 필요로 하는지 아셨으니
때가 되면 기도에 응답하시고
평안과 소망을 충만하게 안겨 주시리

창조의 하나님이시며 축복의 하나님께서는
삶의 모든 곳에 동행하시며 지키시고
기쁨과 소망과 위로가 넘치고 충만하도록
평안과 지혜와 명철과 건강도 주신다네

고난은 진리가 인도하는 길을 깨닫도록 하고
하나님께로 가까이 가는 고속도로였네

하나님의 크신 은혜로

미련하고 어리석은 자가
하나님을 전혀 알지 못하고 살았더라면
육신의 죽음으로 모든 것이
끝날 것으로만 알았을 터인데

그러나 무엇으로도 비교할 수 없는
무한한 긍휼과 사랑으로 은혜를 주시고
역사 속 그곳에 오시어 천하 모든 사람들에게
보배롭고 새로운 생명 얻을 길을 밝히시니
믿음으로 바라보며 간절히 소망하게 하시고
십자가의 보혈의 능력을 깊이 깨달아
믿음의 확신으로 흔들림도 넘어짐도 없고
돌아섬도 없기를 간곡하게 당부하셨으나

무지하고 어리석어 믿음을 갖지 못하여
멸망에 처할 안타까운 백성들로 인해
심장이 녹아흐르는 듯한 슬픔의 아픔과
따르던 자들의 야유와 비난의 소리를 들으며

채찍과 가시에 찔린 육신의 고통도 견디며
묵묵히 십자가를 지고 골고다에 오르셨던 주님

사망을 이긴 주님의 부르심에는
하나님의 사랑과 권능을 다 보여주셨고
다시 사신 주님의 간곡한 말씀들은
영생을 증거 하신 것임을 믿나이다

"나는 나를 위해 네 허물을 도말하는 자니
네 허물을 용서하고 기억하지 않으리라"
(이사야43:25)

이제는 나로 인하여 기뻐하고 즐거워하라
나를 증거하고
나를 위해 찬송을 부를 지어다 하시니라

어미의 당부 · 1

- 잠언의 말씀으로

사랑하는 나의 소중한 자녀들아
너희는 악인의 꾀를 따르지 말고
죄인의 길에 서지 말 것이며
오만한 자의 자리에 앉지 아니하여
복있는 자의 삶을 놓치지 말 것이라

여호와께서 미워하시는 것들
곧 눈을 교만하게 뜨는 것과
거짓되게 말하며 속이려는 것과
무죄한 자로 피를 흘리게 하려는 것과
악한 계교를 꾀하는 것을 하지말라

발이 악으로 달려가게 하지 않아야 하고
거짓을 말하는 망령된 증인이 되지 말것이며
형제 사이를 이간하지 아니하고
어려운 때까지 돌보고 살펴야하는
형제를 귀히여겨라

아무리 어려운 고통가운데 처할 지라도
여호와 하나님만을 의지하고
교만한 자와 거짓에 치우치는 자를
돌아보거나 의지하지 말거라

여호와의 말씀을
네 손의 기호와 네 미간에 표로 삼아
그의 말씀을 네 입에 있게 하고
복과 저주를 너희 앞에 두셨으므로
행한대로 갚으시리니 두려워하며 분별하고

하나님을 경외하는 길에서 지혜를 얻으며
거룩하신 그분을 아는 것과
악에서 떠나는 것이
명철임을 마음판에 새기거라
이것이 생명의 길이고 행복의 길 이니라
오직 이 길만이
가장 완전하게 복되고 영생이 약속된 길이니라

어미의 당부 · 2

- 시편 37:1~9

사랑하는 자녀들아
악을 행하는 자들 때문에 불평을 말하지 말고
불의로 재물 얻은 자들을 시기하지 말지어다
그들은 풀과 같이 속히 베임을 당할 것이며
채소같이 쇠잔할 것이기 때문이니라
여호와를 의뢰하고 선을 행하라
땅에 머무는 동안 그의 성실을
먹을 거리로 삼을 지어다

또 여호와를 기뻐하라
그가 네마음의 선한 소원을
네게 이루어 주시리라
네길을 여호와께 맡기라
그를 의지하면 그가 이루시고
네 의를 빛같이 하시리로다

여호와 앞에 잠잠하고 참고 기다리라
악한 꾀를 이루는 자의 길이 형통할지라도

그들 때문에 불평하지 말지니라
분을 그치고 노를 버리며 마음 아파하지 말고
도리어 악을 만들게 될까 염려하라
진실로 악을 행하는 자들은 끊어질 뿐이고
여호와를 소망하는 자들은
땅을 차지하게 될 것이므로
이것이 진정한 복된 길이고
여호와를 기쁘시게 하며
그의 영광을 나타내는 길이 되리니

이것이 진정 너의 축복의 길이 됨이니라

인생을 지으신 이여

밝은 한 낮에도
나아갈 바를 알지못하여 두려워하며
방황하던 영혼을 붙잡아주시고
밝은 빛 비추시고 인도하여 주신이여
찬양과 영광을 받으소서

주님은 은혜 베풀기를 즐거워하시며
부르짖음에 기꺼이 응답하시는 주이시니
홀을 잡으시고 높은 곳에 오르시옵소서
감사를 고백하게 하시며 찬양하게 하시니
영광가운데서 경배를 받으시리이다

밝은 빛으로 기쁨의 길이요
구원의 길을 밝혀 주신이여
승리의 함성을 들으시리이다
구원 받은 자들이 주님께 드릴
빛난 영광을 찬양에 실어 하늘 높이
올려드리기 원하나이다

낮의 햇빛보다도 더 밝고 찬란하게 빛날
지극한 영화가 주를 두르리이니
구원 받아 천국에 이른 모든 백성들은
찬양으로 주를 기쁘시게 하여 드리리

세상 어디에서 무엇으로 주님의 영광과
영화로움을 비교할 수 있으리이까
세상 모든 것들은 주의 영광 앞에서
빛을 잃고 아름다움도 부끄러워하리니
한낱 안개에 지나지 않으리이다

감사의 시와 찬양으로 주를 높이고
구원의 승리를 품고 주의 길을 따르며
보혈의 은혜로 흠도 티도 없이 순결함으로
믿음을 지켜낸 백성들의 영혼들과 함께
그때 그곳에 이르도록 꼭 잡아주소서

질그릇에 담긴 황혼이

하나님의 말씀은
나의 지팡이이고 등불이시라
하나님은 나의 보호자시며
영원한 생명을 얻게 하시려고
절대적인 권능과 사랑으로
돌보시고 위로하시고 귀히 여기시며
인도하시는 전능하신 이의 부르심이라

그의 은혜는 울타리와 능력이 되시어
주님의 진리로 흑암을 물리치며
태산같은 절벽을 무너트리고
스올같은 깊은 수렁을 크게 꾸짖어
물러가게 하심을 보이셨고
망령되고 허탄한 존재들의
비웃음과 조롱을 꾸짖어 되돌리시고
미혹과 거짓으로 속삭이는 자들을
과녁을 삼아 살을 날리셨나이다

동쪽 하늘로 날아오르기를 바라며
환한 미소로 맞이해주실
주님 앞에 이르렀을 때에
그찬란하고 엄위하고 영화로운 곳
오래도록 고대하던 그곳에서
노을에 물든 황혼에 이른 질그릇에
마음 깊은 곳에서 솟아 오르는
감사와 기쁨의 감격을 모두 담고
거룩하신 주님에게 경배드리리

오랜동안 고대하던 기다림의 세월이
마지막 날에 이르러 인사를 건네고
드디어 나를 놓으며 자유하게 하리니
노래하리라 찬양하리라
큰북아 힘껏 두드리라
비파와 나팔도 크게 울려라
천사들과 함께 춤도 추리라

엄위하신 하나님 전에 이르러 할 일은
오직
두려움과 기쁨과 놀라움 중에 경배드리며
빛난 영광 가운데 높이 계시는 거룩하신 이에게
"하나님 아버지여 크게 기뻐하시며

이모든 찬양과 영광을 받으시옵소서
감사합니다, 감사합니다"
고백할 일 뿐이겠네

영원할 영광이여

주님을 알게 되며 그의 보혈의 은혜를 믿고
구원받도록 땅끝까지 전하라 하시니
파송된 자들의 발걸음을 따라
복음이 널리 널리 전파되니라

온땅의 백성들에게 주님의 보혈로
구원받음의 기회를 주시고
땅에 거하는 모든 백성들을 사랑하여
만백성의 손을 잡아 세우시며 보호 하사

어떠한 형편이나 상황에 있는 자라도
세상에 사는 모든 백성들을 차별없이
구원하시고 생명의 길로 인도하시는
권능의 여호와 하나님을 향해
두손을 높이 들어 감사함으로
하나님을 찬양하게 되리

진리의 등불로 생명의 길을 환히 밝히시고

땅끝까지 전하여 전인류 구원을 이루도록
그등불 비추게 하셨으니
좋은 소식을 전하는 복된 발이 되게 하시고
그발을 복되다 아름답다 하시리라

구원 받음과 영생의 약속을 가득 품고
즐거움으로 노래하며 나아가는 자들에게
기쁨과 위로와 소망과 평안 주시리니
감사의 고백으로 송축드리리라
세세무궁토록 찬양을 받으실
주의 영광이 영원하리이다

빛으로 오신이여

나의 수고로 얻을 수 없고
돈으로 살 수 없고
힘으로도 취할 수 없으며
온세상 무엇으로도 얻을 수 없으나

오직 믿음으로만
나의 것이 될 수 있는 그소망은
순종의 모범이 되신 하나님의 아들 예수
그가 하나님의 뜻을 순종으로 이루어 내셨으니

그는 흠이 없고 순결한 어린양 제물이 되어
십자가의 참혹하고 중한 고통을 받음은
하나님의 뜻을 이루어드리려는 주님의 결단이며
순종함으로 대속을 이루려는 보혈의 은혜라

그은혜를 인정하고 믿는 것이 구원 받을 길이고
믿는자에게 영생의 믿음을 지킬 확신도 주시고
그아들에게는 만민을 다스릴 권세를 주셨으니

이는 하나님이 세우신 구원의 약속이라

그은혜를 알지못하고 깨닫지못하여
두려움도 구원의 소망도 없는 모든 자들에게
하나님은 죄의 삯은 사망임을 선포하셨고
구원 받을 길로 인도 하시려고
오래도록 예언을 기다리게 하신 하나님은
때가 이르자 유일한 아들인 그를 보내셨으니

육체의 옷을 입고 진리의 빛으로 세상에 임하여
하나님의 계획과 뜻을 전하니
그 밝은 빛을 없에려 틈을 엿보던 자들이
십자가의 참혹한 죽음을 당하게 하였으나
믿음을 품고 간절하게 기다리는 자들은
이미 예언된 영원한 생명을 믿음으로 주시려는
태초부터 예정된 하나님의 뜻임을 믿고 기다렸도다

"이잔을 내게서 옮겨 주소서
그러나 아버지의 뜻대로 하옵소서"
흘러내리는 땀방울이 핏방울 같이 되도록
힘써 기도하시던 주님은
자신을 기다리고 있는 수모와 형벌이 될
십자가에 높이 달릴 처참한 일을 생각하면

얼마나 괴롭고 비통한 심정이였을까
얼마나 두렵고 참혹한 마음이였을까
또 육신의 고통은 얼마나 끔찍하였을까

그러나 다시 사신 예수님의 은혜로만
구원의 길이요 영생의 길을 얻게 되었으니
세상 모든자는 복음의 빚을 진자요
구원의 빚을 진자이니 이은혜를 갚는 길은
순결한 믿음으로 경외하며 순종하는 것이고
복음의 통로가 되는 것이리라

빛으로 오신 이
승리하신 주님이시여
진리의 길을 위해 인도자가 되시고
순종으로 광명을 이루어내신 이여
나의 어둠을 영원히 물리쳐 주소서
오직 그광명한 나라에서 영원히
하나님을 향해 기쁨으로 찬양드리며
주님의 은혜로 이룰 구원의 완성을 위해
굳건하고 순결한 믿음을 지키며
승리의 노래로 영광을 높이 올리리이다

풀꽃만하여도

신작로 센바람 먼지바람 맞으며
작은 꽃 피워낸 들풀의 꽃들은
이름도 모를 그 작은 꽃들이
누가 보아주지 않아도
제본분을 다하고 제 삶을 다한다네

그 풀꽃들은 한적한 들길가에도
올망졸망 작은 꽃들을 피우고
사이좋게 어울려 지내며
지나는 이의 눈길을 끌어
발걸음을 멈추고 바라보게 하네

산자락에나 거대한 바위틈 사이에서도
풀은 꽃을 피우고 아기걸음 하듯
작은 꽃대가 하늘 하늘 춤을 추네

이작은 풀꽃들은 어느곳이든
흙이 있는 곳이면 자릴 잡고

제 생애를 살아내려고 뿌리를 내리며
사나운 겨울도 깊은 잠으로 이겨내고
다음해 봄에는 거친 바람 속에서도
햇살의 부드러운 손길에 잠에서 깨어
새싹을 피우며 다시 태어나고
환한 세상에 모습을 드러내리라

인생길 구비 구비 돌아 돌아
걸어온 길 뒤돌아 보면
작은 풀꽃만도 못하였네

보는이 없어도
제 이름 알아 주는이 없어도 어떠리
그생명은 하늘을 우러러 기지개 켜며
행복한 미소로 꽃을 피우고
창조주이신 하나님을 기쁘시게 하겠네

천지개벽을 보리라

하나님의 때가 이르고
그의 마지막 나라가 이루어 지리니

사람의 시간으로는 무한 한 것 같으나
하루가 천년 같고 천년이 하루 같은
하나님의 영원하신 날들 가운데에
아주 오래전
태초부터 계획하고 준비하신 일

그 나라가 드러날 때에
천지간에 어느 곳에서나
하나님이 하시는
기이한 일들이 나타나고
놀라운 일들이 일어날 것이니

모든 사람들이 두 눈으로
볼 수 있게 되는 날
산자 들이 볼 것이요

땅을 치며 자신을 저주할 자들인
사망에 잡힌 자들도 스올에서 볼 것이라

하나님이 꾸짖으시며
큰소리로 말씀하시니
하늘 기둥이 떨며 놀라고
온우주의 행성들이 변하며
화산이 터지고 지진으로 땅이 이동하며
새하늘과 새땅이 이루어질 모습을
어찌 상상이 가능하리요마는

처음의 하늘과 땅과 바다는 사라지고
믿음을 지켜 구원받은 성도들이 들어갈
거룩한 성 새예루살렘은
하나님께서 하늘에서 내려 보내시니
주님의 영광이 빛이 되시어
등불이 필요 없는 곳이요

그곳으로 인도될 영생을 얻은 자들은
인을 치시며 생명책에 기록하시고
마지막 때에 구별될 성도들로
표시하여 분리한다 하셨네

마침내 선포하신대로
영원할 영화로운 천국의 모습은
분명하고 확실하게 드러나고
구원 받은 자는 새예루살렘에서
사망에 잡힌 자들도 모두
놀랍고 신비로운 광경인
천지개벽을 보게 되리라

낙엽들의 수다

사랑을 품은 따뜻하고 편안한
마음이 전해주는
위로의 한마디가
추워지고 가난해지는
쓸쓸한 마음을 흔들고
꼭꼭 눌러온 외로운 마음에
노크를 해댄다

문을 열고 나오라고
그리고
같이 놀러 가잔다

산자락에나 오솔길로 가서
가을 길에 수를 놓았던 단풍잎들이
계절을 따라 마른 잎이 되어
바람결에 날리며 바스락 거리는
낙엽들의 수다를 들어보자고 (낙엽그림).

그리고
바람이 불어주면 춤을 추듯이
나무에서 떨어져 흔들 흔들 거리며
날리다가
단풍들이 쌓여 있는 곳에
사뿐이 내려앉은
아름다운 풍경속으로
함께 들어가서
수채화의 한 부분이 되고

우리들의 수다와 꿈도 담아
이젤 위에 놓인
한 폭의
그림을 완성해 보잔다

그에게로 돌아오라

- 이사야 55:6~9

"너희는 여호와를 만날 만한 때에 찾으라
가까이 계실 때에 그를 부르라
악인은 그길을
불의한 자는 그생각을 버리고
여호와께로 돌아오라
그리하면 그가 긍휼이 여기시리라
우리 하나님에게로 나아오라
그가 널리 용서하시리라
여호와의 말씀에
내 생각은 너희 생각과 다르며
내 길은 너희 길과 달라서
하늘이 땅보다 높음 같이
내 길은 너희 길보다 높으며
내 생각은 너희 생각보다 높으니라"

그분은 사람의 중심을 헤아리시기에
마음 속에 은밀히 품은 생각을 아시고
사람이 속으로 계획한 바의 장래 일도 아시며

그들이 걸어가는 길에 만날 일도 아시니
어떠한 어려운 일을 만날지라도
동행하시는 하나님 아버지만을 의지하고
간절한 믿음으로 기도하며 담대하게
바른 길과 옳은 길을 찾아가는 자에게

그분은 생명의 길 영광의 길로 인도 하시니
어려움을 만날지라도
두려워하거나 겁내지말고
눈동자 같이 지키시고 함께 하시며
권능으로 보호하시리니 그분만을 의지하고
그의 가르침을 통해 지혜와 믿음을 취하여
든든하고 크신 날개 아래에 거하기를 힘쓰며

하나님은 언제나 돌아오기를 기다리고 계시니
전능하신 사랑의 하나님을 굳게 믿고
그에게로 돌아와 순종하며 감사하는 마음으로
그의 은혜 가운데서 영생의 복을 누리라

하나님의 말씀으로

"사람의 영혼은 여호와의 등불이라
그러므로 사람의 속을 살피신다" (잠언 20:27)

악인에게는 평강이 없고
불의한자는 수치심이 없고
망령된 자는 무례하고 교만한 자며
사악한 자는 악한 일 행하기를 늘 궁리하니
오직 각 사람이 시험을 받는 것은
자기의 욕심에 이끌려 미혹 됨이니라

"그러므로 욕심이 잉태한즉 죄를 낳고
죄가 장성한즉 사망을 낳는다" (약1:15)

지혜는 하나님 그의 이름을
아는 것으로부터 시작이고
지혜로 하나님이 창조주 이심을 알게 되고
지혜는 얼굴의 사나운 것을 변하게 하고
지혜가 우둔한 자를 깨닫게 하고

왜 자신이 죄인이라고 고백하는지 알게 되리

악은 하나님을 경외함이 없으며
여호와를 버림이라
그러므로 소망이 없고 고통이 임하게 되느니라
선만을 행하고 악을 전혀 범하지
아니하는 자는 세상에 한사람도 없기에

죄가 없는 예수님이 모든 사람의 죄를
대신 지고 순전한 속죄의 제물인 어린양이 되어
십자가에서 귀한 보배 피를 흘리며
극심한 고통 중에 육체의 생명이 끝나니
이는 나를 위한 것으로 믿고 고백하는 자에게
영원한 생명을 얻을 길로 예비하셨네

악에 약하여 선한 삶을 행하지 못하는
인생들을 위해 대신 구원받을 길을 이루어주시고
영원한 생명을 얻도록 믿음의 약속을 주시어
선한 길에 서게 됨으로 구원을 받게 하셨네

하나님의 말씀과 약속을 마음에 담아 늘 묵상하니
믿음의 삶에 분별력과 확신을 얻어 유익이 되고
모든 생활속에서 자신의 믿음이 굳건하여지며

자신감과 담대함으로 행하게 되어 승리하리라

영원한 생명을 위해

축복의 에덴동산에 거하게 된 태초의 사람은
하나님과 동행하며 대화를 나누며 축복을 누리고
죽음의 두려움과 고통을 모르고 살아갈 존재였다네
그러나 인간에게 축복으로 주신 자유의지로
유혹을 물리치고 순종하기 보다는
불순종하며 유혹에 넘어가고 말았네

하나님께서 말씀하신 사람이 지켜야하는
단 한가지
"선악과를 따먹지 말라 정녕 죽으리라"
하나님의 선포된 명령은 지켜야만 하는 것이기에
지키려는 노력과 수고와 결단이 있어야 하고
어떠한 유혹과 충동에도 넘어가지 않아야 되나
순종하기 보다는 불순종하기를 선택했네

자신의 분별력과 의지로 선한 길로 가야 하는 이유는
순종하며 말씀을 지킨 자나 불순종하며 거역한자나
결국은 자신이 행한데로 댓가는 돌아가는 것이니

순종한자는 영원히 영화로운 곳에서 영생하고
불순종한 자는 끝없이 그 비참하고 끔찍한 고통을
영원히 자신이 감당해야 하는 것이기 때문이라

그러하기에 거절을 당하고 무안을 당해도
안타까워하며 꾸준하게 간절한 마음으로
열심히 전도를 하는 것은
사랑하는 귀중한 사람을 어떻게든 구하시려고
하나님의 뜻을 따라 예수님께서 명령하시길
"땅끝까지 이르러 내 복음을 전하라" 하셨으니
세상의 모든 사람은 남녀노소 누구라도
영원한 고통에 빠지지 않도록 하려는 것이네

사람의 길은 여호와의 눈 앞에 있어
사람의 모든 길을 지켜보시며 판단하시리니
영생의 길로 돌아와 영원한 행복을 소망하며
하나님에 대해 금이나 감추인 보배를 찾듯
진심으로 구하며 찾으면 하나님을 만나게 되고
여호와 하나님 경외하기를 깨닫게 된다네

생명을 주관하시고 약속을 지켜 행하시며
영원한 생명과 사랑과 심판도 주관 하시는
권능의 하나님 되심을 알고 믿어야 하리라

믿음의 결국은 구원받고 영원한 생명을 얻어
하나님의 나라 영화로운 곳에서
영원히 영광의 안식을 누리는 것이라

보혈의 은혜만이 영생을

지중해의 바람과 한낮의 햇볕에 갈하고
피로 온몸이 적셔진 채 십자가에 달려
극심한 고통 중에 운명하신 예수님

그는 왜 맞으며 피를 흘려야 했는가
예수님 그는 왜 혹독한 고통을 당하면서도
거부하지 않고 십자가의 형벌을 받았을가

그의 머리에 가시관을 씌우고 홍포를 입힌 것은
잔혹한 로마군인들이 조롱하려고 한 것이 였으나
심판의 왕으로 다시 오실 일을 상징한 것임을
그들 로마군인들이나 유대인들이
그때는 몰랐을 것이라

십자가 형이 없어진지 오래 전이였으나
당시엔 최악의 형틀로 이용했던 십자가를
하나님께서는 너무도 사랑하는 인생들을 위해
영생을 얻을 길로 삼아 이제는 구원의 상징이 되었고

멸망의 강을 건너 영생을 얻을 확고한 소망이 되어
믿음의 길이요 축복의 길임이 선포되었고
천국으로 가는 유일한 다리가 되었네

예수님은 십자가로 대속의 사명을 다하셨고
로마군인들과 제사장들과 장로들과
변심한 모든 유대 백성들과
숨을 죽이고 조심스럽게
믿음으로 주님을 따른 제자들과
수많은 이들이 지켜보는 가운데
크나큰 고통 중에 운명하셨으니
누구도 예수님의 죽음을 거짓이라
말할 수 없음이라

마침내 예언 되었던데로
그는 하나님의 크신 권능으로
죽음에서 다시 살아나시어
주님의 말씀을 듣고 믿음으로 따르던 자들과
사랑하는 제자들과 치유 받은 많은 자들
그들 모두에게 나타내 보이셨고
영생의 약속을 증명해 주셨다네

하나님의 뜻을 다 이루신 예수님은

자신의 손을 들어 그들에게 축복하시고
다시오실 재림의 약속까지 주신 주님은
많은 이들이 보는 가운데 하늘로 오르셨네

제3부
구원의 기쁨

의로우신 이에게 영광을

하늘보좌에 계시는 거룩하신 여호와
그는 두려워하며 경외해야 할 자이시며
모든 창조물들로부터 영광을 받으실 하나님

하나님은 자신의 모양대로 사람을 창조 하시고
하나님의 영을 호흡으로 불어 넣으셨네
완전한 환경의 에덴 동산으로 그들을 인도 하시어
하나님이 만드신 모든 창조물들을
다스리며 행복하고 즐겁게 살도록 하시니
지으신 모든 것들을 보시기에 좋아 하셨도다

단 한가지
"동산 중앙에 있는 선악과는 따먹지말라"
셀 수 없는 모든 것들을 다 주시고
하나님을 경외하며 명령을 지켜
하나님과 화목하고 부족함 없는
삶으로 더 바랄 것 없이
영원한 축복속에 그들은 살아야했으나

불순종한 자에 대한 사랑을 절재하기 어려워
슬퍼 하시던 하나님께서는
대를 이어 갈수록 바벨탑을 높이 쌓으며
멸망의 길로 달려가는 자들을 위해
영생할 새길을 내셨으니
그 일을 위해 이 땅에 오신 이 예수

그는 참혹한 고난을 당할 것을 아심에도
하나님의 선하신 사랑과 은혜를 증명하고
영원한 생명의 길을 놓으려
비교할 것 없는 참혹한 십자가를 지고
절대적 순종으로 거룩하신 이의 말씀에
모든 조롱과 수치까지도 이겨내신 예수님

거룩하고 자비하신 하나님은
십자가에 그의 아들을 세우셨고
구원의 은혜 입었음을 고백하는 자들에게
은혜를 비같이 내려 죄를 사하시고
사랑을 태양같이 비추시니 온 세상 생명이
소망을 얻어 새 힘을 내는 도다

사랑과 구원의 하나님

여호와 그의 이름을 즐거이 찬송하며
전능하신 이를 높여드리고
하나님의 위대하심을 큰소리로 외치리라

이것이 뿔과 굽이 있는 황소를
제물로 드림보다 여호와 하나님을 더욱
기쁘시게 함이 될 것이니
은혜를 입은 모든 무리들아
기이한 일을 이루어내신 여호와를 향해
소리 높여 아름다운 노래를 부르라

먼 바다로부터 하늘 높이 솟은 파도가 힘차게 달려와
천지가 진동할 만한 큰소리로 높여 찬양을 부르고
땅 끝에서도 노래하는 소리가 들리기를
"의로우신 이에게 영광을 돌리세" 하는도다

꽃신 신고 뛰어가리

주님 오실 그 곳에 쌓인
가시덤불과 크고 작은 돌들을 치우고

주님 맞이 해야 할 그곳에
온갖 추하고 더러운 것들을
눈물로 씻어내고

그 자리에 새겨져 있는 죄의 흔적들까지
보혈의 은혜로 씻어내어 정결하게 하고

하나님의 거룩하심으로 허락하신
빛나고 깨끗한 세마포 옷을 입으리

주님 맞이할 등불은 높이 들리라
두 손으로

평안의 복음으로 지어주신
꽃신 신고 뛰어가

붉은 보배피로 물든
십자가의 다리를 건너서

두 팔 벌리고 기다리시는
고대하던 주님의 품에 안기리라

내 사모하는 주님이시여
그날 그곳에 이를 때까지
굳건한 믿음을 지킬 수 있도록
굳게 붙잡아주소서

주의 장막에 이를 자

- 다윗의 시. 시편 15:1~5

여호와여 주의 장막에 머무를 자 누구오며
주의 성산에 사는 자 누구오니이까

정직하게 행하며 공의를 실천하며
그의 마음에 진실을 말하며
그의 혀로 남을 허물하지 아니하고
그의 이웃에게 악을 행하지 아니하며
그의 이웃을 비방하지 아니하며
그의 눈은 망령된 자를 멀리하며

여호와를 두려워하는 자들을 존대하며
마음에 서원한 것은
해로울지라도 변하지 아니하며
이자를 받으려고 돈을 꾸어 주지 아니하며
뇌물을 받고 무죄한 자를
해하지 아니하는 자이니

이런 일을 행하는 자는

영원히 흔들리지 아니하고
굳건한 믿음을 지키고 살다가
예비하신 곳 영원히 함께 살아갈 곳인
주의 장막으로
주님이 부르시고 인도 하시어
영원한 영광과 기쁨 가운데 살게 하시리라

사모하는 주님

오직 주님의 은혜로
참되고 유일한 구원의 길 영생의 길을
이루어주신 영원하고 크신 축복은
구원 받을 자가 누릴 복이요
이로 인하여
밀려드는 벅찬 위로와 소망과 기쁨은
무엇과 비교할 것이 있으리이까

천국에서 누릴 영원한 생명의 복이
세상에서 육체로 사는 동안 누릴 복과
어찌 비교할 수 있을까
세상에서 얻은 권세나 명예나 재물보다
비교 불가한 영원한 생명의 가치는
무엇으로도 대체할 수 없고
헤아려 볼 수 없으리

십자가의 고난으로
나의 죄를 담당하신 주여

무엇으로도 갚을 수 없는
이 소중한 은혜를 입은 감동과 감격이
주님 발 앞에 이를 때까지
사라지지 않고 잊어버리지 않도록
머리속에 깊이 새기고
마음속에 고이 고이 담아
발길을 밝히고 인도하여
주님 앞에 이르렀을 적에
그 빛나는 주님의 얼굴 뵈옵고
찬양과 영광 드릴 수 있게 되기를
간절히 소망 하나이다

마지막 날을 위해

오래도록 참고 기다리시며
영원한 생명을 얻게 하시려고
아주 오랜 세월 동안
예언자들과 선지자들을
부지런히 보내시고 또 보내시니라

보낸자들을 능욕하고 매질하며
죽이기까지 한 무지한 자들과
그날까지 그의 말씀을
듣고도 순종하지 않고 부인하며
멸시한 자들에게도 이를 그날

그때에
그가 심판자 이심을 보게 되며
그의 진노를 당하게 되리라
그의 권능이 임하심을
감히 바라볼 수 없으며
마주할 수 없음과

저항할 수도 거부할 수도 없고
피할 수도 도망할 수도 없으며
다른 사람으로 대신하게
할 수도 없게 되리라

또한 가진 재물로도
세상 어떠한 능력이나 권력으로도
어찌해볼 수 없음을 알게 되리니
구름아 안개야 나를 가리라
바위야 나를 숨기라 할지라도
창조주에게 순종하는 해와 달과 별들이
강력한 빛으로 숨은 곳을
비추어 밝힐 것이요
만물들이 그들을 들어 내놓을 것이라

작정되었고 예언 되었던
하나님의 두려운 심판은 행하여지리니
그 자리에 이르기 전에
누가 이기는 자이며 승리할 자인지
굳건하고 정직한 믿음을 갖고 있는지
하나님의 말씀에 순종하며 살아 왔는지
어떤 결과를 얻게 될지를
그날 그 자리에 이르기 전에

두렵고 떨리는 마음으로
자신의 믿음을 살펴 보아야하리

돌아설수 없는 그 자리

세상에서 태어나고 살아온 사람이면
누구든지 마주해야 하는
엄중한 그 자리에 이르게 되리라
십자가의 은혜를 입었음을
감사로 고백하는 자와
거부 했거나 부인했거나
또는 무시한 자이든 그들도
피할 수 없고 숨을 수도 없고
돌아설 수도 핑계를 댈 수도 없는
그 자리

모든 사람이 살아온 삶의 내용이
지난 날들 속에 새겨져 있고
자신의 기억속에 담겨 있을 모든 사실들을
양심이 숨기고 속이고 거짓을 말할지라도
그분이 아시고 그의 창조물에 새겨져 있으리니
그 모든 것들을 낮에는 해가 보았고
밤에는 달이 보았고 별들도 보았겠지요

인생들의 발자욱은 걸어간 그 길에 새겨졌고
삶의 모든 언행과 마음에 품었던 모든 것들까지도
하나님의 영이 사람의 마음속에 함께 거하시니
보셨고 들으셨고 모든 것들을 아셨으리라

누구는 세상살이의 힘겨운 삶으로 바쁘다고
어떤 이는 죽으면 끝이라며 영생을 부인하고
복음을 귀담아 듣지 않은 모든 사람들에게
때로는 다급하게 속사람이 양심을 깨웠을 것이나
세상살이에 고달프고 힘겹다고 모른체 했거나
어떤 이는 육체의 달콤함에 깊이 빠져사는 동안
밤은 깊어졌으니 어느때 인지
생각도 분별도 없이 욕망에 치우쳐 살아왔으니

전능하신 이의 강력한 빛을 감당할 수가 없어
피하여 숨으려 하나
이제는 숨을 곳도 찾을 수 없음은
숨겨줄 피조물들이 없을 것이나
어찌 어찌하여 숨었을 지라도
전능하시고 거룩하신 하나님의 엄중한 명령에
피조물들이 그들을
숨은 곳에서 들어 내놓을 것이라

세상의 모든 피조물들은 인간들이 지은
모든 죄를 보았을 것이기에
전능하신 심판자의 물음에
두려워 거짓을 말할 수 없으리니
천지간에 있는 그 어느 피조물들이
창조주 되시고 심판자이신
하나님의 명령을 거부할 수가 있으랴

이젠 어찌할거나 - - -
돌이키기에 너무 늦었다면

주님 이제는 ~

십자가의 구원을 이루어내심으로
하늘과 땅의 모든 권세까지 받으신
영광의 주님이시여 ~

이제는
주님의 음성을 듣기 위해
조용한 곳 은밀한 곳에서
무릎을 꿇었고
두 눈은 감았고
입은 다물었나이다
두손도 모으고
마음은 주님을 향해
간절함으로 기다리오니
말씀 하옵소서
어떤 말씀도 듣겠나이다

지금껏 저만 말했고
저의 말만 하였나이다

귀와 마음은 열지 못하고
입만 열었었나이다
왜 그리도 구할 것이 많고
깨달음은 없이
구하기에는 열심이였는지~

주님 ~ !
잠잠이 들어주시고
묵묵히 기다려주신
그 길고 긴 시간들 가운데
위태롭고 다급했던 순간들을
지키시며 동행해 주셨음에도

깨닫지 못하고 느끼지 못했던
답답하고 우둔함을
깨닫도록, 느끼도록
알아가게 하여 주심에
감사의 고백을 드리나이다

오래도록 참으시며 기다려 주시고
불쌍히 여기시어 긍휼을 베푸셨고
주님의 십자가의 보혈의 은혜로
영생의 소망을 품게 하셨으니

어리석고 미련한 마음이오나
진심으로 기쁘시게 해드리려고
가난한 마음을 활짝 열고
구원의 주님을 향해

이제는
감사의 시와 찬송으로 높여 부르리이다

무엇이 아름다운 것인가

주님의 약속을 믿고 의지하여
두려움과 끔찍한 고통을 견디어 내며
목숨이 다하도록 끝까지 믿음을 지켜낸
수많은 순교자들을 본받아 힘을 얻어
믿음을 굳게 지키고 영생을 이루리라

최고의 아름다움은 생명을 건 선한 일이라
죽음으로 타인의 생명을 구한이를 향해
아름답다 하지 않는가
세상 모든 사람들에게 영생을 얻게 하려고
참혹하고 처절한 십자가의 형에
육신과 생명을 내어놓고 온전히 감당하여
대속의 은혜 받을 길을 내신 이보다
더 아름다운 이가 있을가

온세상의 사람들에게 새생명을 주시고
영화로운 삶을 약속하시고
영생을 위해 부활하신 주님에게

세상의 모든 성도들을 응원하실
주님을 위해 십자가를 새긴 깃발을
손목에 메고 하늘 높이 높이 올라

믿음을 지켜낸 성도들이 모두 천국에서
악을 이겨내신 아름다운 주님을 향해
승리의 깃발을 힘껏 휘날리며
찬양으로 승리의 영광을 높이리라

가장 선한 것이 가장 아름다운 것이라

은혜로운 성령의 역사

이슬비처럼 소리없이 내리는 은혜
볼 수없는 바람같이 임한 은혜는
나의 삶 속속들이 스며들어
충만하고 가득함으로 함께 하시네

태양처럼 강력함으로 변화를 이끄시며
부드러운 실바람이 살결에 스치듯
은혜로운 사랑이 마음을 어루만지니
화석같던 마음이 천사의 옷자락 같고
질흙 같고 그믐밤 같은 어둠으로 우겨싸여
답답하고 두려움에 홀로 울던 자를
밝은 빛 광명한 길 가운데로 인도하시고

목화솜이 송이 마다 꽃으로 피어오르듯
한여름 푸른 하늘에 뭉개구름 솟아 오르듯이
사라졌던 소망과 기쁨과 감사가
슬픔과 두려움과 낙심을 밀어내고
힘차게 솟아 올랐고

여윈 볼에 흐르던 뜨거운 눈물은
산들바람에 실려가고

괴롭고 서러움 중에 만난 주님은
복음의 풍성함으로 마음을 깊이 살피시고
따뜻한 햇살과 하늬바람에 가득 실은
은혜와 사랑과 축복을 안겨주시니
감사의 고백으로 지은 시와 찬양을
그의 궁정에 가득 채우리라

구원의 기쁨

자비하신 하나님
사랑하는 내 아버지여

영원전부터 약속하셨던
온 세상에 빛과 진리 되시고
모든 백성에게 소망이신
아름답고 존귀하며
세상에 빛으로 보내신 이가 있으니
그의 이름은 그리스도이신 예수

그는 세상에 내려와
초라한 자의 품에 안기셨고
목수의 가난한 삶을 살다가
때가 되니 제자들을 부르시고
성전에서 하나님의 말씀을 가르치시며

천국을 알리고
진리를 외치며

각종 병든자 귀신들린 자들을
자유롭게 하셨고
죽은 자도 일으키시고
죄에 얽매인 자들을 불쌍히 여기시어
진리와 권능의 말씀으로
생명의 길을 드러내셨고
십자가로 증거 삼아 확신주시고
하나님의 나라를 선포하셨나이다

하나님 내 아버지여
다시 오실 영광의 주님을
온 맘 다해 믿음으로 따르며
구원 받은 이 기쁨으로
정결한 믿음을 굳게 지키고
등불과 기름과 새하얀 예복
준비 하리이다

생명의 빛으로 다시 오실 이시여
더없이 귀한 영생의 소망을 품을 수 있음은
오직 주의 보혈의 은혜로소이다

믿음에는

믿음에는 소망의 꽃이 피고
사랑과 감사의 열매가 맺히며

믿음에는 믿음으로
영원한 위로와 평안을 얻고

믿음에는 복음의 능력으로
영생의 구원을 이루고

믿음에는 그 높은 곳과
영원을 사모하는 열심의 뜨거움이
마음을 굳건하게 하고

믿음에는 밤과 낮이 없으니
속사람이 날마다
성장하며 성숙을 이루어가야 하고

믿음에는 십자가의 고난을 이기신

예수님의 승리로 이루어 내신
진리의 길을 뒤따라 가게 되고

믿음에는 오직 마음으로 믿고
입으로 시인함의 고백의 열매가
충만 충만해야 하리라

부르심을 기다리며

영원한 그 곳은
벗어날 수 없는
더없이 두렵고 두려운 곳인데

“왜 당신께서는
그 두려움으로 나를 붙드시고
죽음의 유혹을 물리치게 하셨나요” 라며

원망하고 반항하며
슬픔과 고통속에 깊이 빠져있을 때에
굳게 붙드시고 잠잠이 위로 하시기를

“앞으로 살아가야할 세상에서
강하고 담대하거라
내가 너를 굳세게 하며
참으로 나의 의로운 오른 손으로
너를 도우며 붙들어 주리라
두려워 하지 말고 놀라지도 말라

내가 너를 부르고
내가 있는 곳에 이르게 할 때까지
맡긴 사명 다하고 당부한 것들을 지키고
너에게 맡긴 내아들과 딸들을 잘 양육하며
대를 이어 구원을 이루고
굳건한 믿음으로 살다 보면
내가 너를 부를 때가 이르리니
여호와 너의 하나님 아버지인
내가 기다리는 곳으로 오너라"

하나님 아버지여
오래도록 참으시며 기다려 주신
그 귀한 위로와 은혜를 힘 입고
이제는 날마다 날마다
그곳을 더욱 사모하며
감사드리나이다

내속에 숨겨진 것들을

돌아보고 싶지 않은 것들
내속에 숨겨진 것들
내 마음 깊은 곳에 숨어 있는 것들은

숨긴죄와 습관된 죄와
모르고 지은 죄 알고도 지은죄
충동으로 지은죄 고의로 지은 죄
절제하지 못하고 욕심과 욕망으로 지은 죄
교만과 자랑으로 지은죄
무지와 완악함과 완고해서 지은죄
있어서 지은 죄 없어서 지은죄
실천하지 못해 지은죄
속이고 거짓말한 죄
즐거움으로 또는 절망함에서 지은죄들

더 큰 죄는
기도하지 않고
하나님의 말씀을 밝히 알려고 하지 않은 죄

여호와 하나님을 예배하지 않는 것과
그를 두려워 하지 않는 것과
왜 그를 경외 해야하는지를 모르고
그의 말씀과 뜻을 모른 체 지내던
나태하고 무딘 마음이라

하나님의 말씀과 뜻을 모를 때에
지었던 크고 작은 죄들을
빛으로 오신 주님 앞에서
낱낱이 드러내어 자복할 때마다
말씀의 검으로 끊어주시고
대속의 능력으로 선한 양심 회복하여
영혼을 거슬러 싸우는 육체의 정욕과
이생의 자랑과 안목의 자랑은
세상을 쫓아온 것이니

주님의 도우심으로 새 힘을 입고
십자가의 능력과 진리의 빛으로 어두움을 밝혀
내속에 숨어 미혹하며 멸망의 길로 이끌던
속된 욕망과 죄악들을 단호하게 물리치고
믿음 안에서 말씀의 능력과 소망의 기쁨으로만
주님이 주신 자유를 누리게 하여주소서

주님은 나의 등불

주님은 나의 등불이시라
어둠을 밝히시어
나아갈 길을 인도하시고
주님의 말씀은 거울이라
상하고 추한 나의 모습을
보게 하시나이다

주님의 말씀은 능력의 광선이라
영육간의 연약한 것들과
병든 것들을 치유하시고
주님은 진리의 왕이시라
모든 죄를 단호하게 다스리시며
믿음으로 물리쳐 자유케 하셨도다

이 땅에서 무엇으로도 대신할 수 없고
값을 치룰 수도 없는
오직 주님의 보혈로 이룬 대속만이
구원의 길을 확정하셨음을

믿음으로 받아들여 주어진 소망은
주님이 이 땅에 계실 동안에
많은 귀한 말씀들을 들려주셨고
죄를 사하는 권능자임의 증거들과
보여 주신 수많은 놀라운 일들로 인함이라

믿음을 끝까지 지켜낸 이들이 가는 곳
하나님과 예수님이 계신 곳
슬픔과 고생과 눈물이 없고
영화롭고 영광의 그 자리에
이를 수 있는 자격을
오직 믿음으로 얻도록 하려고
모든 사람들의 죄를 속죄해 주신
십자가에 달린 주님이 빛이 되어 인도하기를
하나님은 태초부터 계획 하셨고
완전한 때를 기다리시던 하나님의 섭리라

오직 믿음 하나로
천국으로 가는 그 길을 밝혀 주신 주님
그날 그곳에 이를 것을 고대하기에
그곳에 이르러 마주할 영광을 사모하며
간절한 마음으로 기다리나이다

그날 그 자리를

나의 주를 찬양하리
크신 사랑 신랑 되신 예수님은
은혜로 나를 신부 되게 하시고
그날 그 자리에 서게 하시리니
어찌 눈물 흘리지 않으리요
오래도록 그리워 하던
주님이 눈앞에 계시며
기쁨으로 반기시고
두손 들어 맞아 주시리니

그 아름답고 존귀하신 주님 앞에 설 때에
순결하고 아름다운 신부 되기 위해
은혜의 강물에 목욕하고
세마포 예복으로 떨쳐 입고
찬양으로 엮은 화관 쓰고
등불 높이 들고 날아오르리

하늘의 곡조가 울리며

예복을 입은 모든 성도들과 함께
빛나고 거룩한 곳으로
천사들의 인도 받으며
그곳에서 감동과 감격의 그 순간을
얼마나 깊이 사모하는가

그때까지 지극히 사모하리라
그날 그 자리를

제4부
내 입술의 열매

호흡이 있을 동안에

여호와는
생명이 있고 호흡이 있는 자에게
임하시며 따르기를 말씀하시고
축복하시어 손을 잡아 이끄시며
함께 그곳으로 가자하시니
육신의 생명이 떠나기 전에
호흡이 끝나기 전에
주님을 맞이하고
그의 앞으로 나아가 보라

생명이 떠난 육체는
주님이 긍휼이 여기지도
은혜를 베풀지도 않을 것이니

사람아 ~
생명이 있을 동안에
호흡이 있을 동안에
그를 찾으라

그리고 그를 따르라
그의 진리의 말씀을 받으라
기이하고 보배로운 생명주심을
깨닫게 될 것이며
영원한 생명의 희락을 맛보게 되리니

그의 앞으로 와보라
그리고 들어보라
배우고 깨우치고 느껴보라
그의 사랑하심이 얼마나 큰지를
또 얼마나 진실하신지를
선한 것이 무엇인지를 알게 되리라

육체로 사는 삶이 끝나고
주님이 십자가로 놓은 다리를 건너
새로운 생명으로 영원하고 영화로운
하나님의 나라에 평안하게 거하며
찬란하고 빛난 영광을 보리니
그의 영광에 함께 참여하는 자는
축복을 영원히 누리게 되리라

영화로운 주님 앞으로

하나님께서 사랑에 축복을 더하여
내 품에 주신 자녀들로 인해
인생을 지으시고 낳으시고 돌보신
하나님 아버지의 그 깊고 크신 은혜를
배우며 깊이 깨우쳐 가나이다

저들로 인해 끊을 수도 버릴 수도 없는
보이지 않는 인연의 끈은
하나님의 섭리요 사랑임을요

그 사랑은 심장이 녹아흐르듯 절절하며
모든 것을 주어도 부족하기만 하나
감정에 치우치고 실수를 할 때가 많으니

내가 지었으니 안을 것이요
품을 것이라 말씀하시고
십자가로 영원한 생명을 주신
하나님께서 베푸신 사랑을 어찌

어미의 사랑에 비교할 수 있아오리까
다만 배우고 닮아가기를 바라나이다

백발로 평안히 권능의 주님 앞에 설 때에
주님 안에서 저들과 세상에서
주고받은 사랑을
가장 아름다운 꽃으로 삼아
품에 한아름 가득 안고
감사의 시와 찬양으로 영광을 드리려
높이 계시고
영화롭고 빛난 주님에게로
나아가리이다

마지막 손 입맞춤으로

오늘을 또 보냅니다
위로와 기쁨이 충만하게 채워진
하루가 함께 동행해 주었음에
고마움의 손 입맞춤으로 보내노라
오늘을 보내야
내일이 올테니
미련을 갖기 보다는
행복한 미소를 지으며 배웅하노라

내일이 오면
앞서간 어제가 소식을 전합니다
앞서간 날들이 모여
달이 되고 년이 되고
역사를 이루었노라고
그리고는 묻습니다

그리운 이들의 안부도 듣고 싶고
언제쯤 당신을 다시 만날 수 있는지를

나의 생명이지만 나의 뜻대로 갈 수 없고
생명주시고 삶을 주시고 약속을 주신
사랑의 하나님께서 가장 좋은 날들
중에서 작정하신 날에 부르시리니

예수님의 가르치심과 십자가의 대속으로
영생의 행복한 삶을 소망하게 되었음에
눈부신 햇살에 감사의 환한 미소를 실어
그분이 계신 곳 그 높은 곳을 향하여 날마다
높이 띄웁니다

세마포를 예비하다

참된 복의 주인이 되시며
전능하신 하나님 아버지여
어린양 되신 예수님의 손에 들려진
생명책에 기록되는 자이길 원하나이다

믿음으로 구원 받은 자이고
하나님의 백성이 되는
이영화로운 생명보다 귀한 것이
천지간에 무엇이 있겠나이까

하나님 아버지여 ~
저의 간절한 최종 소망은

이땅에 사는 날 동안엔 믿음으로 살고
이후에는 영원한 그곳에 들어가서
영원한 생명을 주신 하나님과
십자가로 구원의 길을 내신 예수님에게
찬양과 영광 드리는 자 되는 것입니다

성도로서의 옳은 행실만이
빛나고 깨끗한 세마포를
준비하는 것이라 하셨음을 기억하여
자신을 살펴 바르게 행하기를 힘쓰고
굳건하고 정직한 믿음을 지켜서
은혜를 덧입고 구원 받는 자가 되기를
간절하게 바라고 구하오니 붙잡아주소서

영광의 하나님 나라에 기쁘게 참여하는
자가 되도록 믿음을 반석위에 세우고
참된 복을 받은 자로 정결한 세마포를 입고
하나님 앞에 이르게 되기를 항상
간절하게 바라며 기도드리나이다

아름다운 모든 생명

자연은 생명이 있어 계절을 따라
새롭고 신비한 아름다움이 이어지고
겨울의 찬서리가 봄바람에 밀려 떠난 후

여린 풀잎은 얼었던 땅을 힘껏 뚫고 솟아나고
제각기 다른 모양과 색으로 서로 뽐내며 자라고
사람들은 부지런히 곳곳에 농사를 시작한다네

여름에는 모든 풀과 나무들이 무성하게 자라서
숲을 이루며 바람의 애무에 연주는 시작되고
산속 동물들은 즐거워 춤을 추며 노래를 부르지

가을에는 산이 단풍으로 물들인 고운 옷을 입고
들에는 푸짐한 결실들로 잔치가 열리고
땀을 흘리며 수고한 농부들은 흥이 나서
덩실 덩실 춤을 추며 수확의 기쁨을 노래하네

오색의 과일들과 넓은 들판의 곡식들이

산들 바람에 모두가 흥겨운 군무를 펼치고
하늘에는 각종 새들이 힘껏 날으며 힘을 돋우고

아름다운 세상에서 가장 수고한 그들이
풍성한 농사의 결실을 얻어 거두어 들이니
땅이 기뻐하고 하늘도 즐거워하고
태양도 크게 함박 웃음을 웃고 있네

그분은 계절을 따라 이 모든 것을 다스리시며
말씀을 따라 아름다운 삶을 살도록 복을 주시고
모든 자연과 모든 사람에게 축복하시어
귀하게 여기는 사랑으로 서로 주고 받으며
지혜롭고 근면하게 수고하여 풍요로이 지내도록
서로 돕고 보호하며 살으라 하셨네

그러므로
서로 어울리도록 사람이 자연을 사랑하면
자연도 사람을 사랑하고 품어줄 것이며
하나님의 축복도 함께 누리며 살아가게 되고
하나님의 풍성한 사랑을 입은 사람도 자연도
가장 아름다움 속에 살게 되리라

내 입술의 열매

나의 구원의 하나님은
기쁨의 하나님
소망의 하나님
평안의 하나님
위로의 하나님
치료의 하나님
사랑의 하나님이시라

찬송으로 영광 받으시길 소망하고
모든 감사의 고백을 기쁘게 받으시며
즐거워 하시도록 높여드리리라
하나님의 영광을 나타내는 삶과
그 삶을 감당할 굳건하고 정결한
믿음을 소유하도록 축복하여 주소서

나의 기도에 지체하지 아니하시니
입술의 열매로 더욱 하나님을 높이고
내영혼이 새힘을 얻어

가벼운 발걸음으로 진리를 따르고
부지런히 주의 성전에 엎드리나이다

항상 마음의 묵상함이 즐거워
은혜의 바다에 잠긴 심령은
구름이 걷힌 밝은 햇빛을 받으며
신비롭고 아름다운 하늘의 곡조에
만물들과 함께 하늘을 날듯 춤을 추니
기쁨이 충만한 나의 속사람은 더욱 힘을 내어
한없이 푸른 하늘을 날아 오르나이다

높여드릴 여호와

하나님께서 지으신 만물들
곧 해와 달과 별들이
큰 위엄으로 광채를 발하고
안개와 구름과 이슬까지도
영롱한 빛을 내며 낮에도 밤에도
하나님을 찬양하나이다

명령을 따르며 질서를 지키고
오래도록 자리를 떠나지 않으며
세상 모든 피조물들이
하나님의 영광을 나타내며
여호와 하나님을 높이나이다

오직 사람만이 창조의 은혜를 잊은체
창조주를 높이지도 못하고
영광을 돌리지도 아니하고
복되고 영화로운 영생의 길을 거부하니
슬퍼하시는 하나님께서

인생으로 고생하게 하시며
근신하게 하심은 본심이 아니시나
사람 막대기와 인생의 채찍으로
거역함을 다스릴지라도
하나님에 대한 지식도 믿음도 없는
무지한 인생들이 어찌
그를 경외하며 높여 드리겠는가

그러므로 듣는 귀가 복되고
찬양하는 입이 복이 있음이니
하나님을 알되 온전하게 알아야 하고
순종해야할 하나님에게 순종하며
여호와 하나님을 경외하는 것이
지식의 근본이라 하였으며
거룩하신 이를 아는 것이 명철이라 하였으니

오직 믿음으로 하나님은 창조자요
심판자 되시는 권능의 하나님을
경외하고 높여드려야 하고
영원한 새생명과 행복한 삶을 예비하신
모든 생명의 주관자 되시는 하나님을 향해
두손을 높이 들고 기쁘게 찬양하며
전능하신 하나님 앞에서 영원히 노래하리라

믿음이란

믿음이란 축복의 통로요
하나님의 부르심에 응답이고
십자가로 대속을 치루었기에
영생에 대한 믿음은 소망이고
소망에 대한 확고한 바렘이죠

믿음이란 이웃에 대한 증거요
소망 없이 사는 이들에게
위로가 되고 힘이 되며
새로운 용기와 확신을 얻게 하며
가장 기쁘고 귀한 약속을 받은 것이요

믿음은 모든 이들에게 푯말이요
인생길의 가로등이고 이정표요
천국가는 길의 통행권이요
공평하고 차별도 구별도 없이
어떠한 조건이나 요구도 없고
값없이 소유할 수있는 것이요

그러나 믿음에 확신이 없거나
약하여 흔들릴 때는 지루하고 귀찮고
눈앞에 보여지는 것도
마음에 느껴지는 것도 없으니
의심과 부정하는 마음이 들어
나태함에 발걸음이 나서지지 않고
갈피를 잡지못하여 복잡해진다네

그렇기에
믿음도 바르고 견고하게 성장하려면
말씀을 배우고 기도로 도움을 구하고
정직하고 순수하며 적극적인 마음으로
믿음이 성숙해지기까지
인내하고 끈기있게 노력해야하리

- 믿음의 결과는 이미 선포 되었으니까

그러므로 반드시 이루어질 것을 굳게 믿고
주님을 의지하며 소망을 품고 인내하라
그리하면 담대하고 견고한 믿음이 되어
영생을 사모하며 그의 은혜를 덧입고
마침내 영원한 영광의 축복을 받으리라

믿음으로 영광을 보리라

보이는 것들과 보이지 않는 것들과
앞으로 이루어질 것들에 대한
확신을 갖는 것을 믿음이라 하리라
그러므로
믿음은 바라는 것들의 실상이고
보이지 않는 것들의 증거라 함과 같이

하나님은 하나님께서 약속하신 것들을
오래도록 그뜻을 이루어가고 계심으로
사실을 부인할 수 없는 수많은
믿음의 증인들과 증거들이 있음은
그 사실들이 역사 속에 기록되어 있으며

주의 크신 위엄을 친히 보고 들은 무리들은
주님이 수많은 병자들을 불쌍히 여기시며
온전하게 되기를 명령하시니 그리 되는 것들을 보았고
귀신 들려 괴로움을 겪는 자들을 위해 귀신을 물리쳐
자유하게 하시니 그가 주님 앞에 예의를 갖춘 것과

자연도 다스리시는 많은 이적들도 보았었네

주님이 구별하여 제자로 삼아 함께 생활하던
그들은 그가 하나님의 말씀을 전하는 것을 들었고
함께 먼거리를 걸어 다니며 복음을 전하였고
배에 탔을 때에 큰 풍랑을 물리치는 것도 보았고
물위로 걸어 오실 때는 유령인줄 알고 놀라기도 했으며
그들은 주님과 함께 고난도 수모도 당하였으며
그 제자들은 주님이 발을 씻어 주시는 섬김도 받았었네

또한 제자들은
그분을 통해 거룩하신 하나님 아버지에 대한
지식과 성품과 구원의 뜻과 계획을 들었고
사랑의 하나님은 창조주이시며 마지막 때에
심판하실 일에 대한 두려운 소식도 들었다네

그분은 끝날에 관한 권면의 소망과 위로를 주시고
또 깊이 탄식 하시며 깨어 있으라 하셨네
죄가 없는 그가 십자가의 중한 벌을 받은 것은
하나님의 한없는 사랑을 받는 세상의 자녀들이
죄의 댓가를 감당하지 못할 것을 아시는 고로
십자가의 참혹한 형벌로 대신 갚은 것이라네

십자가는 믿음으로 얻을 구원의 길을 밝혔고
이는 사랑하는 자들을 영원히 행복하게 살 곳으로
인도할 수 있는 유일하고 확고한 길인지라
예수님이 죄의 댓가를 대신 치루었음을 인정하고
믿음으로 받아 감사로 고백하는 자들만이
영광에 참여할 수 있는 자격을 얻게 하셨네

십자가의 사건은 역사의 중심이 되었고
무엇보다도 삼일만에 다시 살아나신 것을 본
수많은 증인들의 증언이 기록으로 남겨져 있고
이 기록물들이 증거가 되어 진리와 진실을 알리며
예수님은 역사의 주인이시라 처음과 마지막이 되고

그의 이름으로만 구원을 받고 영생할 수 있음은
죄의 값을 십자가로 대신한 큰 은혜를 입었음이니
믿음으로 고백하는 세상 모든 백성들 앞에서
그는 천지와 만물을 새롭게 하시며
형용할 수없는 영화로운 영광으로 나타나
영원히 영화롭고 영원토록 찬란하게 빛나는
하나님의 나라요 거룩한 성에서 왕이 되어
구원받은 백성들과 함께 세세토록 왕성하리라

나의 원수들을

내가 원수로 삼을 것들은
나의 미련하고 우매함이며
개으르고 변명하며 핑개만하는 거였구나

믿음의 눈이 열리지않아
벌거 벗었으나 수치를 모르고
교만하여 목이 곧아 무례하게 말하며
순종하지 않으며 반항과 거역함으로 인해
주님은 알마나 슬퍼하고 답답해 하셨을가

깨어 있으려 기도하기를 노력하지 않고
그의 말씀을 사모하지 아니하니
구원의 주님의 부활을 깨닫지 못하여
영생의 소망으로 기쁨을 누리지 못하고
감사의 고백과 찬송으로
사랑의 하나님을 기쁘시게 못하는 것과
거룩하시고 전능하신 여호와 하나님을
높이지도 못하는 것이로다

승리하신 권능의 주여
어리석고 미련한 자를 불쌍하게 여기시어
이 모든 허물과 죄악들로 인해
사탄의 올무에 빠지지 않게 붙잡아 주시고
저 무리들이 박수 치며 개가를 부르지
못하게 하셨음을 감사드리나이다

자신을 다스릴 힘과 믿음이 부족해
하나님 아버지의 뜻대로 행하지 못했음을
자책하며 스스로 정죄하나 길이 아닌지라

오직 상한 심령과 마르지 않는 눈물로
사랑의 하나님 아버지 앞에 엎드려 비오니
내 안에 숨어사는 그것들이 오래도록
빌붙어 살아서 당연한듯이 여겨졌고
한 지체 인 듯 착각 속에 감추어졌던
모든 것들을 고백하오니 그것들이
주님의 발에 밟혀 사라지게 되리이다

성령의 불로 태워 속사람을 새롭게 하시니
십자가 대속의 주님을 주인으로 모시어
밝은 빛 가운데로 인도하시는 그은혜 안에서

항상 기쁨과 소망과 평안을 마음에 가득 채우고
권능의 주님의 도우심을 힘입고 담대해져서
이기는 믿음을 갖게 하여주소서

반드시 승리하리라

오래도록 참고 기다리시며
은혜와 긍휼을 베푸시고
하나님만 바라보게 하셨나이다

두려움도 근심도 물리쳐 주시며
그 크신 축복과 사랑으로 덧 입히시고
존귀한 은혜로 새롭게 하시나
갚을 길도 그럴 힘도 믿음도
아무것도 없는 내자신이
참으로 초라하고 가련한 자라

그러나 오직 주님이 보혈의 능력으로
새 힘과 소망을 주시니
내 안에 기쁨과 평안이 가득하여
감사의 물결이 산만큼 높이 솟아오르네

영광과 위엄으로 존귀하신 주님이
영원하고 귀한 생명주시려고

인간의 몸으로 이땅에 임하시어
죄와 사망의 올무에 메인 자에게
진리로 자유하게 하시고
추하고 악한 것들로 가득찬 어두운 마음에
십자가 보혈의 능력이 임하니
어둠에 우겨쌓인 죄악들이
심령을 괴롭히고 힘들게 하나

빛으로 오신 권능의 예수님이
그것들을 꾸짖고 쫓아버릴 권세 주셨으니
죽음을 물리치고 부활하신 주님만을 따르며
사망도 이기신 예수의 이름으로
물리치고 이기리라
그가 붙들어 주시리니
반드시 믿음으로 승리하리라

멋지신 하나님

나의 하나님 아버지는
멋지고 멋지고 멋지시고
멋지고 또 멋지고 멋지시도다

나의 하나님 아버지여
감히 아뢰나이다
하나님의 그 멋지시옴은
천지간에 비교하거나 견줄이가 없고
있을 수가 없나이다

나의 자랑 하나님은
어찌 그리 멋지시고 멋지신지
그 멋지심은 통쾌하게
멋지시니이다

영생을 기다리며

"그가 우리에게 약속한 약속이 이것이니
곧 영원한 생명이니라"(요한1서 2장 25절)

대속의 약속을 믿음으로 고대하며
영원히 살아갈 그곳을 향하여 구함은
아주 오랜 세월 변함없이 이어지며
전해져온 영생의 약속을 내심이여

인생길에서 거친 바다를 건너고
황량한 들과 험준한 산을 넘고
절벽 끝 벼랑에서 울부짖으며 그를 찾아
고달픈 삶 가운데서도 빛이 되시고
삶의 이유와 함께하셔야 됨을 깊이 세기고
부르심을 고대하며 기다리지만

내마음대로 갈 수 있는 곳이 아닌 거기는
믿음의 삶을 굳건하게 살다가
하나님께서 부르시면 갈 수 있는 곳

그가 지으신 영원한 영광의 나라
끝이 없이 영체의 몸으로 살아가는
그곳으로 인도 하시어
영화로운 영생을 함께 하시리라

그곳은 밤이 없고 등불과 햇빛이
전혀 필요치 않은 것은
하나님의 영광이 비추이는 곳이요
진리이며 영생의 주관자 되신 분
그도 빛이 되시니 어두움과 흑암까지도
물러나고 멀어졌도다

그 빛은 참빛이고 창조의 능력이고
구원의 능력을 이루어 냈으며
사람의 마음에 품은 것들 까지도
밝히 드러내는 권능의 빛이요
끝이 없이 영원히 빛날
영화로운 영광을 나타내는 찬란한 빛이라

사람이 무엇이기에 주께서 권고 하시며
믿은 자들을 그 빛 가운데로 인도 하시어
고난의 두려움과 슬픔의 눈물을 씻어주시고
아름다운 주의 이름으로 영화와 존귀의

관을 씌우시고 영광으로 호위 하시나이까

주여 주의 이름이 온 땅에 충만하니
주를 의지하는 자들이
주님을 영원히 찬양 하리이다

통회하는 마음을 주심은

주님께서는 중심이 진실함을 원하시오니
내게 지혜를 은밀히 가르쳐 주옵소서
상한 심령으로 통회하는 마음을
주님은 멸시하지 아니하시리니
정한 마음을 지으시고
내속에 정직한 영으로 가득 채워주소서

나를 긍휼히 여기시어 힘을 주시리니
새 힘을 얻어 주를 높이며 찬송하리이다
성전은 나의 장막이 되오며
주의 십자가는 나의 홀이 되고
주님만이 나의 평생에
요세와 피난처요 반석이 되시나이다

주님의 성전에서 상한 심령을 토하리이다
지난날의 과오와 실수를 이제도 반복하며
어리석고 미련함을 다스리지도 못하고
인도하심을 온전하게 따르지도 못한

자신의 행위를 알기에 두려움으로
주님 앞에서 나의 무너지는 심령을 아뢰나이다

중심에 거짓을 물리치고 정직하기를 힘쓰며
자신의 과오를 인정하여 고백하는 자에게
불쌍히 여기시고 은혜를 베푸시옵소서
나의 영혼을 위하여 행하신 일을
내가 온세상 널리 널리 선포하리이다

"내 영혼아 네가 어찌하여 낙심하며
어찌하여 네 속에서 불안해 하는가
너는 하나님께 소망을 두라
그가 나타나 도우심으로 말미암아
내가 여전히 찬송하리라"

주의 인자하심으로 평안을 얻게 하시니
내영혼이 기쁨으로 주를 찬양하나이다
정직한 영을 주시고 통회하게 하심으로
마음이 위로를 받아 평안하여 소망을 품었고
나의 영혼이 만족하고 기뻐하여
즐거이 주를 더욱 높이 외치리이다

시간은 발만 있네

시간은 오직 발만 있어서
앞으로만 나아가고
눈이 없어서
뒤나 옆을 돌아볼 수가 없다
낮이건 밤이건 가리지도 않고
서두르지도 않고 늦추지도 않고
오직 시작할 때부터 현재까지도
분명히 미래에도 앞으로만 갈 것이다
휴식도 없고 제촉하지도 않으며~

시간은 머리도 마음도 귀도 없어서
감정도 생각도 없이 누구의 사정을
듣지도 않고 돌아보지도 않는다
사랑하는 가족이 사고나 중병으로
또는 준비가 안된 자식들이
어느날 갑자기 죽음에 이르른
부모 형제를 떠나보낼 때에 조금만 더
붙잡고 싶어서 간절하게 구하여도

귀가 없는 시간은 멈추질 않는다

인생들이 삶을 오래 살든 짧게 살든
명령 받은 그시간으로 데려갈 뿐
입이 없어 말도 없고 먹지도 못하고
몸이 없으니 배고픈줄도 모르고
몸이 없으니 피곤함도 모르는지
시간은 지치지도 않는다

힘에 겨워 멈추고 싶고 절망에 끝내고
싶었던 순간 순간들을 지나치고 끈덕지게
나를 이시간까지 이르도록 데려온
시간이
소리도 없고 뒤돌아 나를 본적도 없으나
낙심하여 주저앉고 절망하여 쓰러져도
여전히 나를 이시간까지 데려와줬는데

고맙다 수고했다 소리 한번도 못했으나
했어도 못들었을 것이지만 ~
이제라도 고마워 하며 속마음으로
그말을 해본다
많이 고맙고, 수고했어~!!!

시간은 그걸음을 허락하신 창조주께서
멈추기를 명령하실 때까지
여전하게 나아가고 또 걸어가리라

1) 창조주 하나님의 섭리로 사랑하는 자들을 위해 준비하신 영화롭고 영광스러운 곳인 천국에 입성할 자들은 예수님의 십자가로 구원 받았음을 믿음으로 고백해야 하리라. 아주 오랜 세월을 통해 역사속에서 영생의 구원을 이루어 내셨으니 성탄절은 기독교의 시작이고 부활절로 기독교의 완성을 이루셨네.